DIVIÉRTETE CON EL LIBRO DE ACTIVIDADES DE FINN

🐾 TODO SOBRE PERROS 🐾

NUNCA ES DEMASIADO TARDE PARA ENSEÑAR A LOS PEQUEÑOS HOOMANOS SOBRE LA SEGURIDAD, CUIDADO Y SALUD DE LOS PERROS.

A TRAVÉS DE DIVERTIDOS JUEGOS MENTALES, ACERTIJOS Y PÁGINAS PARA COLOREAR, FINN ENSEÑA LOS ELEMENTOS ESENCIALES DE SEGURIDAD Y CUIDADO DE LOS PERROS. LA IMPORTANCIA DE RESCATAR A LOS PERROS, DE VISITAR AL VETERINARIO Y COMO SER SUPERHÉROE PARA LOS PERROS.

Reservados todos los derechos . Copyright © 2021 de Gwen Romack. Ninguna parte de este libro puede ser reproducida o transmitida en cualquier forma o por cualquier medio, electrónico o mecánico, incluyendo fotocopias, grabaciones o por cualquier sistema de almacenamiento o recuperación de información permitido por la ley.

¡HOLA HOOMANO! MI NOMBRE ES FINNEGAN COUNT SMOOSHIE TUSHIE, PERO PUEDES LLAMARME FINN. SOY UN PERRO RESCATADO.

MI MAMA ME AYUDA A ESCRIBIR DIVERTIDOS LIBROS Y A ENSEÑARLE A LOS NIÑOS SOBRE PERROS. ME ENCANTAN LOS BOCADILLOS, LOS PASEOS Y JUGAR.

¿ME COLORÉAS?

VIDA DE PERROS

¿PUEDES ENCONTRAR Y ENCERRAR EN UN CÍRCULO ESTAS PALABRAS EN EL ROMPECABEZAS?

```
S P J Ó C É M O G S F A S A T P X U Í Y
G F R U H V B G M L E M K A H W V C I S
I X Í Q Á E O Í E D Á T Q P I V T Í H I
A N A É E T Ú Z Á Y R U E Q Ú U B N É C
D G L A Y E Z J A R K A W U T K N Ú O M
Z C U D B R Á E P R E R L O G O N R T O
K O Y A Ñ I T É S H B R C L O U R C L L
Í M Ú H G N U D U C M A L H O E J W E É
N I N Ó É A O U I N R P N C R C Q M U E
I D Á B V R S D L S S A A E R R O C A L
V A Ó C J I C Q E E O S E Z D Ó O T N C
L R É G V O Ú S L Ú S E C H Z O C E Á P
N H S W O T J M I P E O Q Ú H Á R K H O
U S O L É L U Ó Q E U S U C B M Í M Ú Í
M Ú H D R H O X U R H M Ó S Ó M Y R I A
U Z T Y H H U S Ñ G A Á W É V W U Á N R
Ó C U Í Z K J X I S Z Á C H E O W I Á B
Z É Ñ G X J W W F N Ó C D Ú Y D M Z T O
G M D W J P R R É C A F N É P A V Y Ó L
E T L Á R V Á N G O P S L L C J M J Z A
```

CAMINA	ABRAZO	AGUA	CORREA	JUGUETES
CORRER	DORMIR	GOLOSINAS	COLLAR	BOLA
TOCAR	HUESOS	PASEOS	VETERINARIO	COMIDA

ME VENDRÍA BIEN UN BOCADILLO

CONTANDO LOS PUNTOS

¿PUEDES TRAZAR UNA LÍNEA DE CADA NÚMERO AL SIGUIENTE PARA REVELAR UNA IMAGEN? CUANDO FALTE UN NÚMERO Y LA SECUENCIA SE DETIENE, LEVANTA TU LÁPIZ ANTES DE COMENZAR LA SIGUIENTE SECUENCIA.

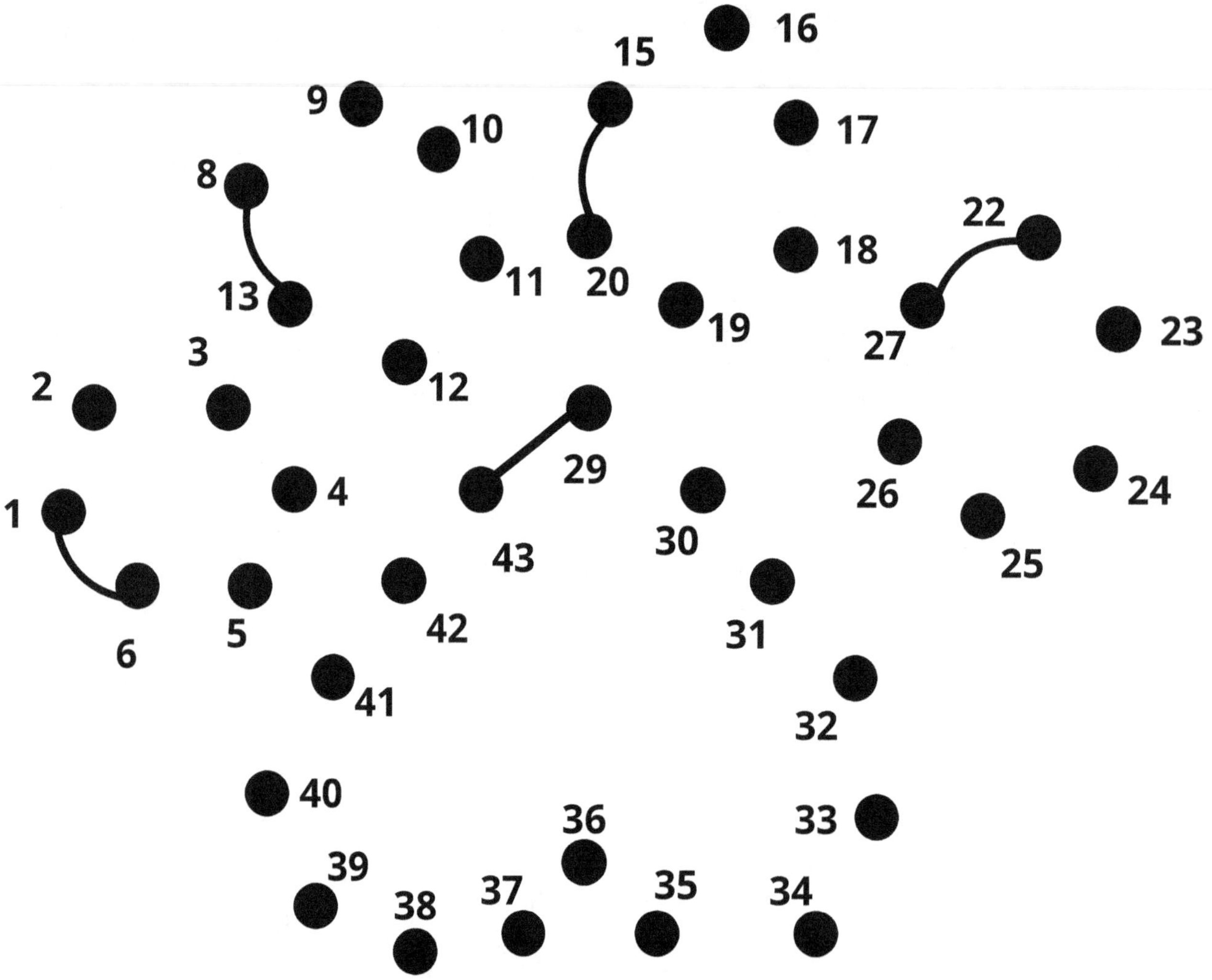

CUANDO HAYAS RESUELTO EL ROMPECABEZAS, ¿PUEDES COLOREARLO?

FINN Y SUS AMIGOS

LOS JUGUETES SON UNA FORMA IMPORTANTE DE ESTIMULAR LA MENTE DE UN PERRO Y MANTENERLO FELIZ A TRAVÉS DEL JUEGO. ESTOS SON ALGUNOS DE MIS JUGUETES FAVORITOS.

ESTOS SON MIS AMIGOS: **LA LANGOSTA LARRY, EL CANGREJO CATHY, EL POLLO KAREN, EL CABO DUCKY Y EL DRAGÓN DUDLEY**

TU TURNO

¡AHORA ES TU TURNO DE HACERME UN DIBUJO! ¿PUEDES DIBUJAR A FINN Y ALGUNOS DE SUS AMIGOS DE LA ÚLTIMA PÁGINA?

¡MÍRAME!

PÍDELE A UN ADULTO QUE TE AYUDE A ESCANEAR ESTE CÓDIGO CON LA CÁMARA DE SU TELÉFONO. TE LLEVARÁ A UN LUGAR CON TODOS MIS ENLACES FAVORITOS SOBRE MÍ. PUEDES VER MUCHAS FOTOS MÍAS, LEER ARTÍCULOS DE PERIÓDICOS Y REVISTAS SOBRE MÍ, DESCUBRIR MIS LIBROS, VER VIDEOS DIVERTIDOS MIOS AULLANDO Y JUGANDO, ¡Y APRENDER MÁS SOBRE MÍ!

HTTPS://LINKTR.EE/GWENROMACK

HTTPS://WWW.THEFINNCHRONICLES.COM

¿DÓNDE ESTÁ MI HUESO?

¿PUEDES AYUDARME A RESOLVER ESTE LABERINTO Y ENCONTRAR MI HUESO?

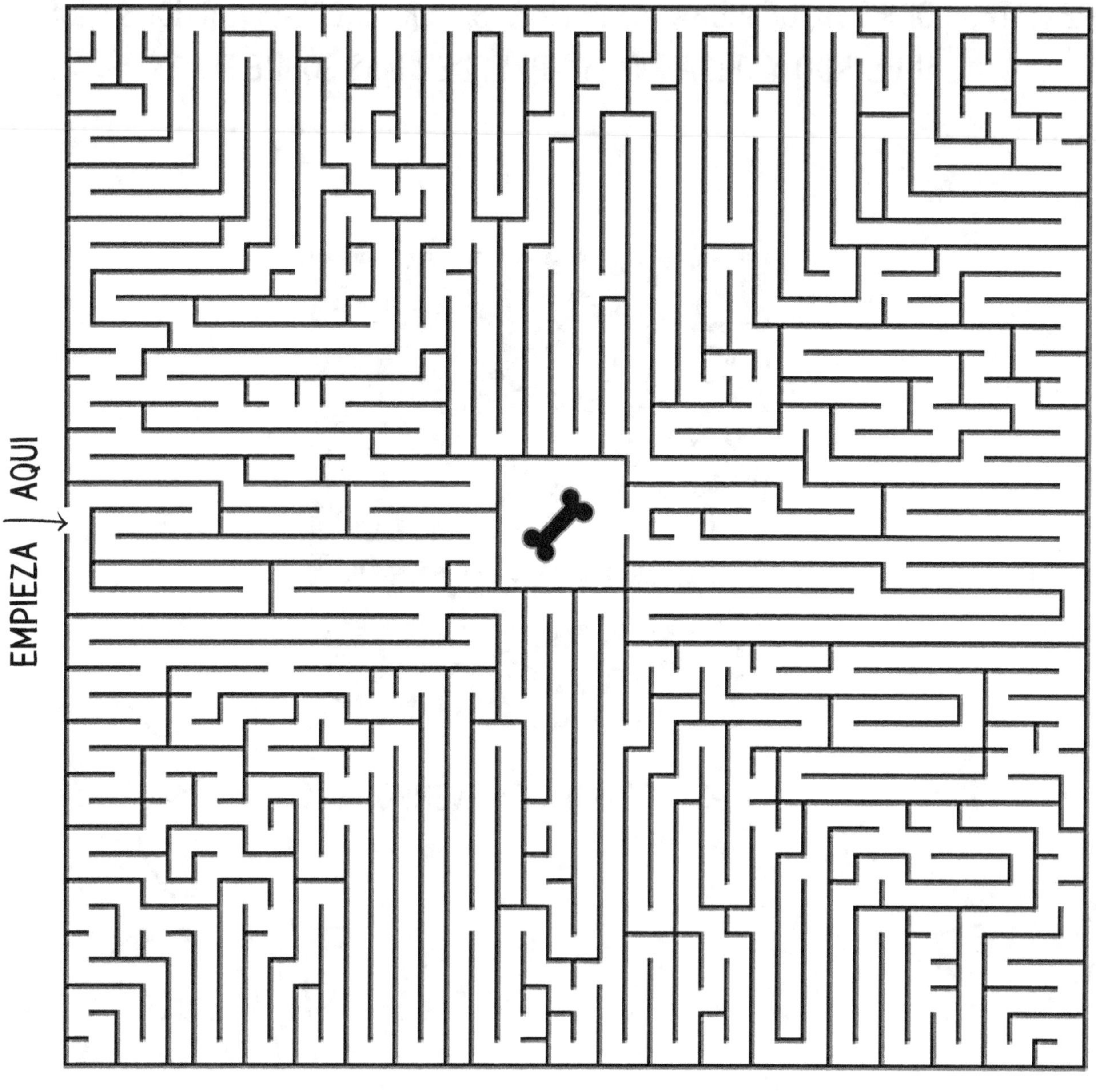

MENSAJE SECRETO

¿PUEDES DESCIFRAR ESTE CÓDIGO SECRETO PARA AVERIGUAR LO QUE ESTOY DICIENDO? COMIENZA NUMERANDO CADA LETRA DEL ALFABETO. LUEGO, HAZ COINCIDIR ESOS NÚMEROS CON LAS LETRAS DE LA PISTA.

PASO 1

A	B	C	CH	D	E	F	G	H	I
		3			6				

J	K	L	LL	M	N	Ñ	O	P	Q

R	RR	S	T	U	V	W	X	Y	Z
							28		

PASO 2

___ ___   ___ ___ ___ ___ ___ ___ ___
15 10   26 10 6   16 24 21 6

___ ___ ___ ___ ___ ___ ___ ___
16 6   3   6   23 10 24 1

___ ___ ___
23 6   21

___ ___ ___ ___ ___ ___ ___
7   21 18 24 1   5   18

ME ENCANTAN LOS ABRAZOS

A ALGUNOS PERROS LES ENCANTA ACURRUCARSE. PERO NUNCA DEBES ABRAZAR O ACURRUCAR A UN PERRO SIN EL PERMISO DE UN ADULTO.

¡NO, GRACIAS!

¿SABÍAS QUE ALGUNOS ALIMENTOS HOOMANOS SON PELIGROSOS PARA LOS PERROS? SOLO ALIMENTA A LOS PERROS CON LO QUE TU ADULTO DIGA QUE ESTÁ BIEN. ¿OK?

AGUACATE

DULCE

CHOCOLATE

CEBOLLAS Y AJO

SAL Y ESPECIAS

UVAS Y PASAS

CAFE Y TE

¿QUÉ ES UN RESCATADO?

UN PERRO RESCATADO ES UN TIPO DE PERRO MUY ESPECIAL. EN ALGÚN MOMENTO, NO TUVIERON UNA PERSONA QUE LOS CUIDARA. LAS ORGANIZACIONES DE RESCATE AYUDAN A ENCONTRARLES A ESTOS PERROS ESPECIALES NUEVAS FAMILIAS PARA AMARLOS. TRABAJAN MUY DURO PARA ASEGURARSE DE QUE LOS PERRITOS EN TODAS PARTES ENCUENTREN UNA FAMILIA FUREVER (PARA SIEMPRE.)

AGRADECIDO

ESTOY MUY AGRADECIDO DE HABER SIDO RESCATADO Y TENER UNA FAMILIA MARAVILLOSA. TAMBIÉN ESTOY AGRADECIDO POR MIS JUGUETES, CAMA, COMIDA Y AMIGOS. ¿PUEDES HACER UNA LISTA DE TODAS LAS COSAS POR LAS QUE ESTÁS AGRADECIDO?

_____   _____

_____   _____

_____   _____

_____   _____

_____   _____

_____   _____

_____   _____

¿DÓNDE ESTÁN MIS COSAS?

¿PUEDES AYUDARME A ENCONTRAR MIS COSAS FAVORITAS ESCONDIDAS EN LA IMAGEN?

3 HUESOS	COMIDA DE PERRO	EL POLLO KAREN	COLLAR	CEPILLO
CORREA	PLATO DE AGUA	EL DRAGÓN DUDLEY	CAMA	HUELLA
PELOTA DE TENIS	EL CABO DUCKY	EL CANGREJO CATHY	GOLOSINAS	3 PATAS

MI HÉROE

¿QUIERES SER UN HÉROE PARA LOS PERROS? ¡AQUÍ ESTÁ CÓMO EMPEZAR! TRAZA UNA LÍNEA DESDE CADA ELEMENTO HASTA LA CAJA A LA QUE CREES QUE PERTENECE. ¿QUÉ COMPORTAMIENTOS SON BUENOS AL INTERACTUAR CON PERROS Y CUÁLES SON MALOS?

1. TOCAR A UN PERRO QUE NO CONOCES SIN PERMISO
2. ACARICIAR SUAVEMENTE A UN PERRO EN SU ESPALDA
3. MONTAR O SENTARSE EN UN PERRO
4. ASEGURARSE QUE SU PLATO DE AGUA ESTÉ SIEMPRE LLENO
5. BESAR O ABRAZAR A UN PERRO CERCA DE SU CARA
6. ASUSTAR A UN PERRO DORMIDO
7. DAR LARGAS CAMINATAS PARA HACER EJERCICIO
8. TOCAR LA COMIDA O LAS GOLOSINAS DE UN PERRO
9. JUGAR A LAS ESCONDIDAS EN UNA ZONA VALLADA
10. ENSEÑARLE TRUCOS A TU PERRO
11. GRITAR O BURLARSE DE UN PERRO
12. RECOMPENSAR EL BUEN COMPORTAMIENTO
13. GOLPEAR A UN PERRO
14. HABLAR CON VOZ TRANQUILA Y FELIZ
15. DEJAR CALCETINES Y PEQUEÑOS JUGUETES DONDE LOS PERROS PUEDE ENCONTRARLOS Y COMÉRSELOS

BUENO

MALO

1. MALO
2. BUENO
3. MALO
4. BUENO
5. MALO
6. MALO
7. BUENO
8. MALO
9. BUENO
10. BUENO
11. MALO
12. BUENO
13. MALO
14. BUENO
15. MALO

¿COMO HICISTE? ¿ESTÁS LISTO PARA SER UN HÉROE PARA CADA PERRO QUE CONOZCAS?

AMO MI VETERINARIO

¡ME ENCANTA IR AL VETERINARIO Y VER A TODOS MIS AMIGOS ALLÍ!! LOS VETERINARIOS SON MÉDICOS DE ANIMALES. AYUDAN A LOS PERROS A MANTENERSE SANOS Y FELICES.

CUÉNTAME UNA HISTORIA

¡INVENTEMOS JUNTOS UNA HISTORIA DIVERTIDA! PÍDELE A ALGUIEN QUE HAGA ESTE JUEGO CONTIGO. SU COMPAÑERO LE PEDIRÁ CIERTOS TIPOS DE PALABRAS Y LAS ESCRIBIRÁ EN LOS ESPACIOS EN BLANCO. UNA VEZ QUE HAYAS TERMINADO, LEE LA HISTORIA EN VOZ ALTA.

UNA VEZ CONOCÍ A UN PERRO LLAMADO _____ (nombre). A EL LE GUSTABA

_____ (verbo) EN EL _____ (substantivo). EL ESTABA _____ (adjetivo) Y

_____ (adjetivo) LA MAYOR PARTE DEL TIEMPO. PERO A VECES LE GUSTABA

_____ (verbo) Y ESO HIZO A MI MAMÁ TAN _____ (emoción).

NUNCA OLVIDARÉ ESE MOMENTO EN QUE ELLA _____ (adverbio) _____ (verbo)

EN EL SOFÁ Y SE ME OLVIDÓ _____ (verbo). MAMÁ GRITÓ,

"¡_____ (interjección)!"

MÁS SOBRE MÍ

SOY PARTE VIZSLA ("VISLA") Y PARTE BEAGLE ("BIGEL")

LOS BEAGLE SON UN TIPO DE PERRO SABUESO. SON CONOCIDOS POR SU ASOMBROSO SENTIDO DEL OLFATO, HERMOSAS VOCES AULLANTES Y DE DAR FUERTES OPINIONES.

LOS VIZSLA SON UNA RAZA QUE APUNTA, CONOCIDA POR SU SENSIBILIDAD, AFECTO Y ENERGÍA. LOS VIZSLAS NECESITAN MUCHO EJERCICIO Y ATENCIÓN. DEBIDO A QUE SOMOS UNA RAZA QUE APUNTA, A VECES USAMOS NUESTRO CODO PARA SEÑALAR COSAS IMPORTANTES ... COMO ESTA:

¿PUEDES NOMBRAR OTRAS RAZAS DE PERROS?

DETALLES, DETALLES...

¿PUEDES ENCONTRAR Y MARCAR CON UN CÍRCULO 10 COSAS QUE SEAN DIFERENTES ENTRE ESTAS DOS IMÁGENES?

LOS PERROS NO SABEN SUMAR. ¿TU SÍ?

¿PUEDES COMPLETAR LOS NÚMEROS QUE FALTAN? | 45 |

1	2	8		0	8	3	1	7	1	31
2	7	6	2	8		6	1	3	7	48
0	5		0	2	3	1	6	8	6	36
7	2	9	1		1	4		3	8	45
9	9		9	6	3	9	5	3		65
6	6	9	4	4	3	2	7	2	9	52
9	8	4		6	2	5	3	7	2	55
	4	6	3	8	0	3	6	5	3	47
0		8	6	9	2	5	9	0	3	50
1	2	9	8	8	1	5	6	4	5	49
44	53	67	42	55	29	43	50	42	53	39

PISTAS:
- LOS NÚMEROS QUE FALTAN SON NÚMEROS ENTEROS ENTRE 0 Y 9.
- LOS NÚMEROS DE CADA FILA SE SUMAN A LOS TOTALES DE LA DERECHA.
- LOS NÚMEROS EN CADA COLUMNA SE SUMAN A LOS TOTALES EN LA PARTE INFERIOR.
- LAS LÍNEAS DIAGONALES TAMBIÉN SUMAN LOS TOTALES A LA DERECHA.

OLFA-VISIÓN

¡LOS PASEOS SON UNA DE MIS COSAS FAVORITAS! SON MEJORES QUE LA TELEVISIÓN, SON VISIONES DE OLOR. ¡ME AYUDAN A EJERCITAR MI CUERPO Y MI MENTE! ME ENCANTA OLFATEAR TODOS LOS OLORES Y AVERIGUAR DE DÓNDE VIENEN. ¿SABÍAS QUE EL PORCENTAJE DEL CEREBRO DE UN PERRO QUE SE DEDICA A ANALIZAR LOS OLORES, ES EN REALIDAD 40 VECES MAYOR QUE EL DE UN HOOMANO? SE ESTIMA QUE LOS PERROS PUEDEN IDENTIFICAR LOS OLORES ENTRE 1.000 Y 10.000 VECES MAS QUE LOS HOOMANOS.

ESCRÍBEME UNA HISTORIA

¿PUEDES ESCRIBIRME UNA HISTORIA SOBRE UN ANIMAL? ¿DÓNDE VIVEN? ¿CÓMO SE VEN EN SU APARIENCIA? ¿TIENEN AVENTURAS INTERESANTES O DIVERTIDAS? CUÉNTAME TU HISTORIA AQUÍ ABAJO.

DIVERSIÓN CRUCIGRAMA

VERTICAL

1. LOS PERROS SIEMPRE QUIEREN MÁS
2. COMÚNMENTE DICHO A UNA PERRA
3. COMÚNMENTE DICHO A UN PERRO MACHO
4. LUGAR FAVORITO PARA IR
6. ORGANIZACIÓN QUE AYUDA A LOS PERROS A ENCONTRAR FAMILIAS
8. GRAN LUGAR PARA UNA SIESTA

HORIZONTAL

5. DOCTOR DE PERRO
7. ÚTIL EN UN PASEO
9. BEBIDA FAVORITA
10. ALGO QUE ENTIERRAN

COMO SER UN CANINO SUPERHÉROE

AQUÍ TIENES ALGUNAS IDEAS DE CÓMO PUEDES SER UN SUPERHÉROE CANINO:
- DONAR COMIDA, TOALLAS Y MANTAS VIEJAS A UN REFUGIO BARRIAL
- EN LUGAR DE REGALOS DE CUMPLEAÑOS, ¿POR QUÉ NO PEDIRLES A SUS AMIGOS Y FAMILIARES QUE DONEN PARA UN RESCATE O QUE LE DEJEN COMIDA / JUGUETES PARA PERROS QUE PUEDA LLEVAR A UN REFUGIO?
- SI ENCUENTRAS UN PERRO PERDIDO:
  - CONSEGUIR QUE UN ADULTO TE AYUDE A BUSCAR UNA ETIQUETA QUE PUEDA TENER EL NÚMERO DE TELÉFONO DE SU HOOMAN
  - IR A UNA VETERINARIA PARA VER SI TIENE UN MICROCHIP
  - PUBLICA UNA FOTO DICIENDO DÓNDE LO ENCONTRASTE EN LAS REDES SOCIALES PARA LOS PERROS
- EDUCAR A OTROS NIÑOS SOBRE EL RESCATE DE PERROS Y CÓMO PUEDEN AYUDAR
- SER VOLUNTARIO EN ALGÚN REFUGIO BARRIAL LEYENDO A LOS PERROS O AYUDANDO A SOCIALIZARLOS, SIEMPRE CON LA AYUDA DE UN ADULTO
- DILE A LOS VETERINARIOS CUANTO RESPETAS Y ADMIRAS EL TRABAJO QUE HACEN PARA AYUDAR A LOS ANIMALES

¡ESTÁS LISTO!

¡GRACIAS POR JUGAR CONMIGO! ¡CREO QUE ESTÁS LISTO PARA SER UN GRAN AMIGO PERRO Y RESCATAR A UN SUPERHÉROE!

¡ADIÓS POR AHORA! PARA OBTENER MÁS INFORMACIÓN SOBRE FINN, SUS LIBROS, SUS ORGANIZACIONES DE RESCATE FAVORITAS Y SUS OTRAS AVENTURAS, CONSULTE: WWW.THEFINNCHRONICLES.COM

RESPUESTAS

ESTAS SON LAS RESPUESTAS A LOS ACERTIJOS QUE LE AYUDARÁN A COMPROBAR SU TRABAJO.

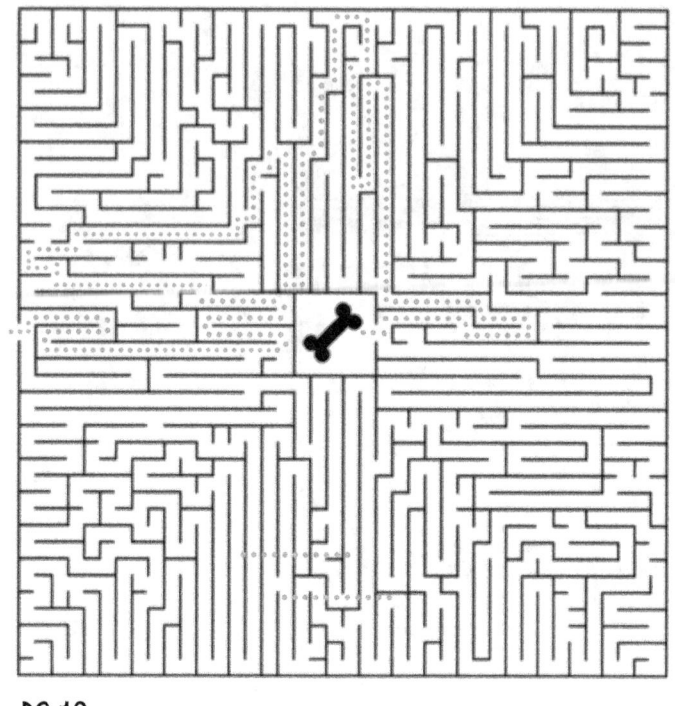

PG 4

PG 10

PG 11 MENSAJE SECRETO: MI VIENTRE NECESITA SER FROTADO

PG 16

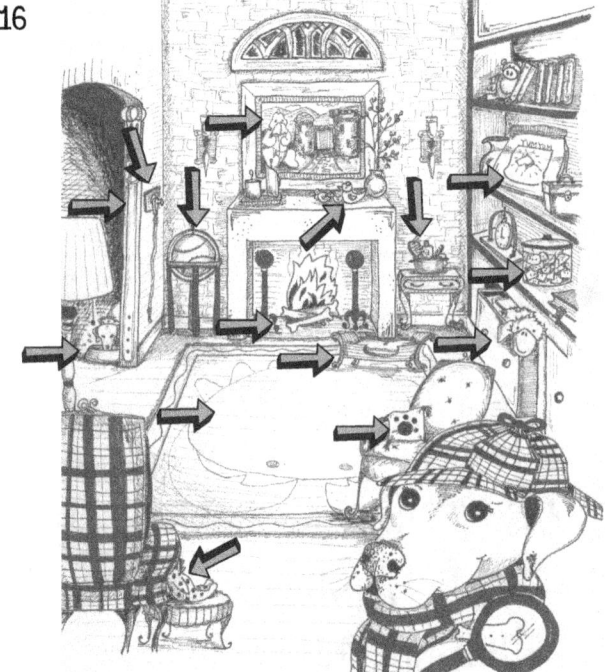

ENCUENTRA LAS DIFERENCIAS - PG 21

1. GAFAS DE PROTECCIÓN
2. BANDERAS PARA VELEROS
3. PATRÓN DE TABLA DE SURF
4. PARAGUAS
5. COLLAR DE PERRO
6. CUBO
7. NUBE PERDIDA
8. PÁJARO PERDIDO
9. HIERBA DE PANTANO
10. SALPICADURA DE BALLENA

RESPUESTAS

ESTAS SON LAS RESPUESTAS A LOS ACERTIJOS QUE LE AYUDARÁN A COMPROBAR SU TRABAJO.

PG 22

1	2	8	**0**	0	8	3	1	7	1	31
2	7	6	2	8	**6**	6	1	3	7	48
0	5	**5**	0	2	3	1	6	8	6	36
7	2	9	1	**4**	1	4	**6**	3	8	45
9	9	**3**	9	6	3	9	5	3	**9**	65
6	6	9	4	4	3	2	7	2	9	52
9	8	4	**9**	6	2	5	3	7	2	55
9	4	6	3	8	0	3	6	5	3	47
0	**8**	8	6	9	2	5	9	0	3	50
1	2	9	8	8	1	5	6	4	5	49

45

| 44 | 53 | 67 | 42 | 55 | 29 | 43 | 50 | 42 | 53 | 39 |

PG 25

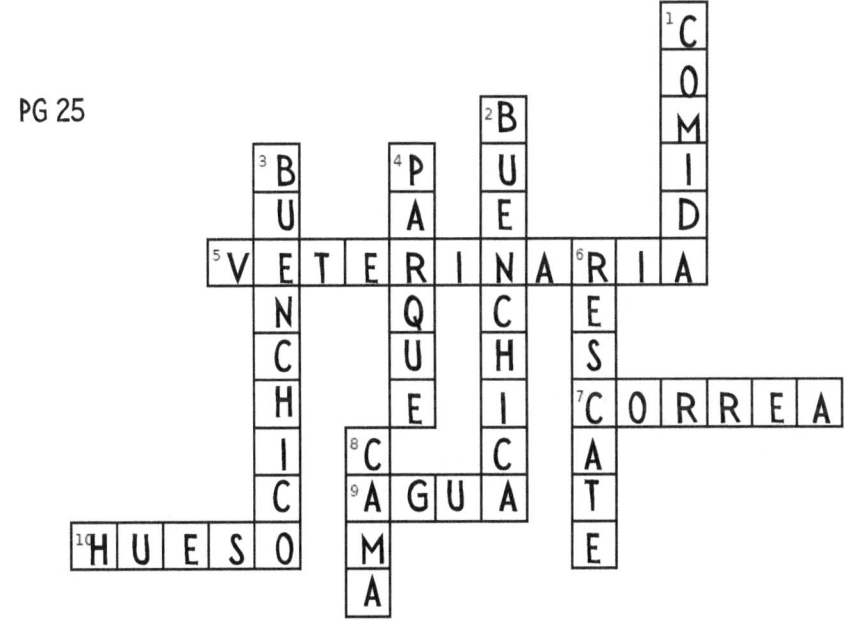

ENVOLVER

¿PUEDES ESCRIBIR LO QUE APRENDISTE JUGANDO CONMIGO?
¡HABLA DE ELLO CON UN ADULTO O CON TUS AMIGOS!

LOS PERROS PUEDEN ENFERMARSE DE _____

¿QUE MAS APRENDISTE?

AYUDAR A LOS PERROS A ENCONTRAR HOGARES FUREVER